www.ingramcontent.com/pod-product-compliance
Lightning Source LLC
Chambersburg PA
CBHW021954090426
42811CB00001B/23
* 9 7 8 0 5 7 8 9 0 1 7 4 9 *